# ÉLOGE

DE

TRÈS=AUGUSTE ET TRÈS=PUISSANTE

## REINE

## MARIE-ÉLISABETH

## DE BRAGANZA.

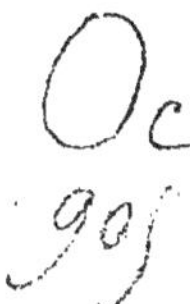

# ÉLOGE

## DE

## NOTRE AUGUSTE REINE

### MARIE=ÉLISABETH

# DE BRAGANZA,

### PRONONCÉ

DANS LA SESSION DE LA RÉUNION DES DAMES DE LA CHARITÉ, A MADRID,

### PAR SON EXCELLENCE

### LA MARQUISE DE VILLAFRANCA,

### DUCHESSE DE MEDINA = SIDONIA,

DANS L'ASSEMBLÉE QU'ELLE PRÉSIDAIT LE 17 FÉVRIER 1819;

### TRADUIT DE L'ESPAGNOL

## PAR UN ESPAGNOL RÉFUGIÉ.

A BORDEAUX,

CHEZ J. PINARD, IMPRIMEUR, FOSSÉS DE L'INTENDANCE, N°. 7.

## 22 JUIN 1819.

# ÉLOGE

DE

TRÈS = AUGUSTE

ET

## TRÈS-PUISSANTE REINE

MARIE-ÉLISABETH

## DE BRAGANZA.

---

Si, pour faire dignement l'éloge des ac-
tions héroïques ou des personnages célè-
bres dans les annales du monde, il faut
employer toutes les ressources de l'élo-
quence, les qualités qui nous inspirent
plus d'amour que d'admiration, les vertus

modestes, principaux ornemens de notre sexe, ne demandent que le tribut sincère de nos larmes.

Pour faire le panégyrique de notre Auguste Reine, pour exprimer, dans ces jours de tristesse et de deuil, toute l'étendue de nos regrets, nous ne devons invoquer que la vérité.

Notre Auguste Reine n'est plus au milieu de nous ! elle a disparu pour toujours, et jouit maintenant d'un éternel repos. Ce souvenir douloureux brise ma plume, trop faible pour célébrer dignement ses vertus et ses bienfaits.

L'histoire de ses jours précieux est celle de toutes les qualités sociales dont elle était ornée ; sa vie fut un modèle constant de bonté ; c'était une leçon perpétuelle donnée sans efforts par celle qui reçut de la Providence le don sublime d'exercer, comme tant d'autres facultés et attributs de son être, les qualités les plus précieuses et de l'esprit et du cœur. Cherchons l'origine de toutes ses perfections dans l'éducation qu'elle eut le bonheur de recevoir, et nous trouverons qu'elle était fondée sur la morale la plus pure et sur les pratiques saintes du Christianisme : c'est par cette éducation que furent développés les germes des dons précieux dont fut douée l'ame de notre Souveraine, et qui réglèrent toujours et ses nobles sentimens et ses discours.

Une dame très-respectable et vertueuse eut l'honneur de diriger le tendre cœur de cette Illustre Princesse, et de graver en elle les vrais principes de la saine morale. La docilité naturelle de son Auguste Elève lui fit obtenir sans efforts les résultats les plus favorables. Elle était toujours disposée à recevoir avec fruit les sages conseils de son institutrice, lorsque le Ciel la priva de la vie au commencement de l'année 1816. Ce fut un coup terrible

pour la sensibilité de Marie - Elisabeth,
qui ne pouvait se consoler d'avoir perdu
en elle une véritable amie, qui l'avait
conduite dans le sentier de la vertu.

Les connaissances, ornement de son
esprit, acquises dans sa tendre jeunesse,
étaient celles qui convenaient à une Princesse dont la destinée fut de s'asseoir un
jour sur un des premiers trônes du monde.
Se renfermant dans le genre d'instruction
convenable à son sexe, son amour pour
la lecture ne fut jamais cette ambition
coupable d'un savoir factice, source des
erreurs des sophistes qui ont osé mettre
en doute les saintes vérités de la révéla-
tion. Elle lisait uniquement pour s'affer-
mir dans l'amour de ses devoirs, et pour
éclairer sa raison des salutaires lumières
qui se trouvent dans les livres saints.

Ses mains royales ne dédaignaient pas
de s'occuper des travaux de notre sexe;
et l'assiduité avec laquelle elle se livrait à

ce genre d'ouvrages, présentait un modèle édifiant pour toute son Auguste Famille.

La connaissance des langues qu'elle possédait lui facilita celle des sciences. Elle protégea les arts, et sa protection ne fut jamais stérile : ses premiers essais furent exposés au public, comme le plus puissant stimulant. Elle honorait les artistes. Sa munificence contribua à la réédification comme à l'organisation du *Museum*, et l'Espagne attendait de sa sollicitude les progrès les plus rapides dans toutes ses institutions.

Jamais elle ne s'effacera de notre souvenir, cette heureuse époque de son arrivée à Madrid, lorsque nous la vîmes entrer dans les rues de la capitale, simplement habillée, et sans autre ornement que ses vertus.

Elle fut reçue avec enthousiasme dans tous les villages, instruits par la renommée de sa générosité et de sa modestie. Sur sa physionomie se peignait une ame pure; on y remarquait le sourire de la candeur et de la bonté. Son air majestueux était tempéré par l'expression de la plus touchante douceur. Nous vîmes que les acclamations publiques qui la précédèrent, étaient au-dessous de l'amour et du respect que sa présence inspirait.

La foule immense, accourue pour la recevoir dans les rues de la capitale, paraissait entraînée par un élan irrésistible qui poussait la multitude à considérer cet ange de paix, précurseur du bonheur des Espagnols. En effet, l'influence de ses vertus, son exemple pour ceux qui l'environnaient étaient des biens inappréciables. Qui d'entre nous aurait osé se livrer à des sentimens d'orgueil en présence d'une Souveraine si modeste sous la pourpre du trône? Qui pouvait se refuser aux exercices de la religion, lorsque la Reine des Espagnes ne semblait jamais plus grande que lorsque cette grandeur et ce pouvoir s'humiliaient aux pieds des autels? Son Auguste Epoux (c'est ici, Mesdames, que je vais renouveler la douleur de mon auditoire, en rappelant celle du plus aimé des Rois), Son Auguste Epoux fut l'unique objet de sa tendresse, tendresse qui ne méconnut jamais les limites de ce respect dû à la Majesté. Elle se considérait comme l'instrument dont la Providence se servait pour entrelacer de quelques roses les soucis et les embarras inséparables de la dignité Royale : soulageant ainsi le poids de la couronne et mitigeant la sévérité des lois par sa médiation généreuse.

Nul être au monde ne sut mieux apprécier que MARIE-ELISABETH la sublime prérogative des Rois, qui, à l'imitation de la Divinité, effacent de leurs cœurs les souvenirs des offenses, et savent convertir en générosité ce qui n'est que vengeance et ressentimens dans les ames vulgaires.

Dans ces momens heureux, mais hélas trop courts! où elle fut mère, tous les prestiges inhérens à la dignité de Reine disparurent, et firent place à ce trésor de tendresse qu'elle renfermait dans son cœur. Son ame aimante reprit une nouvelle vigueur en voyant se multiplier les objets de son amour. Qu'ai-je besoin de parler des qualités de son cœur, lorsque le souvenir de ses bienfaits vit et vivra éternellement dans notre mémoire, et sera transmis à la postérité la plus reculée? Les bienfaits de ceux pour qui c'est un devoir de les prodiguer, sont-ils comparables à cette charité céleste et douce qu'on peut appeler le don le plus précieux de la Divinité? Et ce don, elle le possédait au plus haut degré. Je passerais volontiers sous silence les abondantes aumônes qu'elle faisait sur sa cassette pour essuyer les larmes des malheureux, pour ne m'occuper que de l'énergie qu'elle mettait à protéger tout ce qui pouvait assurer le bonheur ou l'existence de ses sujets. Tous les établissemens érigés en faveur de l'humanité se ressentirent de sa puissante protection : elle accorda principalement sa faveur à celui des Dames de la Charité dont l'institut semblait lui commander le respect le plus religieux, donnant ainsi l'exemple d'une compassion éclairée. Est-il en effet, Mesdames , une institution qui réunisse autant que celle-ci, et l'exercice de toutes les vertus , et le dévouement le plus absolu pour le soulagement de l'humanité souffrante ? *

Que dirons-nous, lorsque nous la vîmes , dans cette enceinte charitable, prodiguer de ses mains tous les soulagemens à ces malheureux enfans abandonnés ?

---

* La REINE voulut mettre sous sa protection l'hospice de Valence, et elle le fit en effet, ayant obtenu du Pape la bulle nécessaire.

C'est alors que notre REINE dut nous pa-
raître plus grande et plus éminente qu'au
milieu de toute la pompe de sa cour ; c'est
elle qui nous donna l'exemple de la charité la plus pure, en s'humiliant au point
d'habiller et nettoyer ces enfans innocens ;
c'est elle encore qui nous fit voir que
nous ne devions pas nous contenter d'une
pitié stérile, mais qu'il fallait exercer tous
les actes de maternité pour bien remplir
nos devoirs. Elle devait mettre fin à cette
entreprise salutaire, et, dans son intaris-
sable générosité, elle nous présentait le
tableau le plus flatteur pour l'avenir.

Oui, Mesdames, ici doivent retentir les
plus profonds gémissemens sur la perte
irréparable que nous venons d'éprouver.
Ces lieux, Mesdames, furent les témoins
de toute l'étendue de sa bienfaisance. A
quoi ne devions-nous pas nous attendre,
d'après ces exemples, de la part de cette
AUGUSTE REINE ? Que n'aurais-je pas en-

core à dire sur ses bienfaits , objets à la fois et de la vénération et de la reconnaissance publique ?

Décrire toutes les perfections de l'Aimable Souveraine dont le Ciel nous a privées , serait une entreprise au-dessus de mes forces : la reconnaissance ne cessera de répéter ses louanges, de même que son souvenir ne s'effacera jamais du cœur de ses sujets.

Les Espagnols, pénétrés de douleur, conserveront éternellement la mémoire de cette Illustre Princesse, de cette vie si courte, mais néanmoins si bien remplie par les vertus solides de son ame.

C'est à nous, Mesdames, à nous, continuels témoins de la vertu et de la grandeur d'Elisabeth , c'est à nous seules qu'il convient d'ériger à nos frais, en son nom, à son image, et dans le lieu le plus distingué de cet établissement, un monument à sa cendre. Il nous retracera les

traits de cette GRANDE REINE, nous rap-
pellera sans cesse sa mémoire. En atten-
dant que la charité chrétienne puisse of-
frir dans ces murs un asile à l'orphelin
délaissé, son buste nous retracera l'image
de la meilleure des mères, de la plus di-
gne épouse, et d'une Reine incomparable.
Les enfans, en prononçant son nom avec
attendrissement, apprendront également à
révérer sa mémoire.